SAMUEL TAYLOR
COLERIDGE

SAMUEL TAYLOR COLERIDGE

A BALADA DO VELHO MARINHEIRO

❋ INCLUI O POEMA KUBLA KHAN ❋

EDIÇÃO BILÍNGÜE

TRADUÇÃO E TEXTOS INTRODUTÓRIOS:
WEIMAR DE CARVALHO

© da tradução e textos introdutórios 2006 Weimar de Carvalho

Capa e projeto gráfico
Paula Astiz

Editoração eletrônica
Priscila Arícia Neto / Paula Astiz Design

Ilustrações
Gustave Doré

Dados Internacionais de Catalogação na Publicação (CIP)
(Câmara Brasileira do Livro, SP, Brasil)

Coleridge, Samuel Taylor
 A balada do velho marinheiro / Samuel Taylor Coleridge ; tradução e textos introdutórios Weimar de Carvalho. — São Paulo : Disal, 2006.

 ISBN 85-89533-48-4

 Edição bilíngüe : português/inglês.

 1. Poesia brasileira I. Carvalho, Weimar de. II. Título.

06-4021   CDD-869.91

Índices para catálogo sistemático:

 1. Poesia : Literatura brasileira 869.91

Todos os direitos reservados em nome de: Bantim, Canato e Guazzelli Editora Ltda.

Rua Major Sertório, 771, cj. 1, Vila Buarque
01222-001, São Paulo, SP
Tel./Fax: (11) 3237-0070

Visite nosso site: www.disaleditora.com.br

Vendas:
Televendas: (11) 3226-3111
Fax gratuito: 0800 7707 105/106
E-mail para pedidos: comercialdisal@disal.com.br

Nenhuma parte desta publicação pode ser reproduzida, arquivada nem transmitida de nenhuma forma ou meio sem permissão expressa e escrita da Editora.

9
Samuel Taylor Coleridge (1772–1834)

13
Sobre A Balada do Velho Marinheiro

15
Sobre o Tradutor

17
Agradecimentos

20/21
A Balada do Velho Marinheiro
The Rime of the Ancient Mariner

111
Sobre Kubla Khan

113
Kubla Khan

SAMUEL TAYLOR COLERIDGE (1772 – 1834)

Samuel Taylor Coleridge foi um poeta, crítico e filósofo inglês que, juntamente com seu amigo William Wordsworth, participou da fundação do Movimento Romântico na Inglaterra. Coleridge é certamente mais famoso por seus poemas *The Rime of the Ancient Mariner* (A Balada do Velho Marinheiro) e *Khubla Khan*, dois dos mais importantes e conhecidos da literatura inglesa. *A Balada do Marinheiro* tornou-se tão famosa que mesmo pessoas que jamais a leram sabem algo sobre ela, como expressões idiomáticas do inglês moderno que nela tiveram origem. Um exemplo é "ter um Albatroz pendurado no pescoço", que significa ter má sorte.

Coleridge, filho de um vigário, nasceu em Ottery St. Mary, Inglaterra, no dia 21 de outubro de 1772. Após a morte de seu pai ele foi enviado ao *Christ's Hospital*, um internato londrino. Posteriormente, idealizaria seu pai como um homem inocente e piedoso, enquanto que seu relacionamento com a mãe era turbulento. Sua infância foi marcada por grande ausência de atenção, o que pode explicar sua personalidade dependente na idade adulta. Durante sua permanência no *Christ's Hospital*, raramente lhe era permitido retornar ao lar. Entre 1791 e 1794 ele freqüentou o *Jesus College*, na Universidade de Cambridge – exceto por um curto período em que estivera no exército. Na universidade, entrou em contato com ideais políticos e teológicos considerados radicais para a época. Ele então deixou Cambridge sem ter ao menos conseguido um diploma, aliando-se a Robert Southey numa idéia que objetivava criar uma sociedade utópica, bem aos moldes do comunismo, a qual denominaram *Pantisocracia*, mas que foi logo abandonada.

Em 1795 os dois amigos casaram-se com as irmãs Sarah e Elizabeth Ficker, mas Coleridge não obteve sucesso em seu relacionamento com Sarah. Southey partiu para Portugal, mas Coleridge permaneceu na Inglaterra. Um ano depois ele publicou poemas sobre variados temas.

Em 1798, ele e Wordsworth publicaram, em parceria, um volume denominado *Lyrical Ballads* (Baladas Líricas), consideradas um manifesto da poesia Romântica, onde aparece a primeira versão de seu grande poema *A Balada do Velho Marinheiro*. Registros feitos por Dorothy e pelo próprio Coleridge pouco antes da concepção da "Balada" mostram que ele estava acometido de terríveis dores nos dentes e nevralgia facial, passando a utilizar ópio para aliviá-las. Uma vez que não havia na época nenhum estigma associado ao consumo do ópio, muito pouco era conhecido sobre os aspectos fisiológicos e psicológicos relacionados à dependência da substância.

Os anos de 1797 e 1798, quando os dois amigos residiram em Nether Stowey, Sommerset, foram os mais produtivos da vida de Coleridge. Além da *Balada do Marinheiro*, ele escreveu o poema alegórico *Kubla Khan* (inspirado por uma alucinação provocada pelo ópio), como também iniciou a composição do poema narrativo *Christabel*. No mesmo período produziu a aclamada série *Conversation Poems*, de natureza profundamente sentimental.

No outono de 1798 Coleridge e Wordsworth decidiram passar algum tempo na Alemanha, e Coleridge começou a aventurar-se sozinho pelos centros universitários do país. Foi nessa época que desenvolveu interesse pela filosofia alemã, em especial pelo idealismo transcendental de Emanuel Kant e pela crítica literária do século XVIII do dramaturgo Gottholod Lessing. Depois de completar seus estudos de alemão, Coleridge retornou à Inglaterra em 1800 e traduziu a trilogia dramática *Wallenstein*, de autoria do poeta Friedrich Schiller, para o inglês. Em seu retorno à Inglaterra ele estabeleceu-se, juntamente com sua família e amigos, em Keswick. Contudo, entraria em um círculo vicioso o qual envolvia falta de autoconfiança em seu talento poético, debilidade física e sua crescente dependência do ópio.

Numa tentativa de livrar-se da dependência, Coleridge viveu algum tempo em Malta e viajou pela Sicília e outros locais na Itália entre 1804 e 1806, na esperança de que o clima mediterrâneo, menos úmido e deprimente que o da Inglaterra, pudesse ajudá-lo a reduzir seu consumo da droga – em vão. Por algum tempo ele exerceu atividades como funcionário público britânico na administração de Malta. Foi nesse período que Coleridge tornou-se irreversivelmente um viciado, utilizando o ópio como um substituto para sua perda de vigor e criatividade, os quais possuíra enquanto jovem.

Entre 1808 e 1819, esse "gigante em meio a anões", como era chamado por seus contemporâneos, apresentou em Londres e em Bristol uma série de palestras sobre Shakespeare, buscando renovar o interesse geral pela criação teatral.

Em 1816, com sua dependência agravada, sucumbindo à depressão e com sua família em estado de apatia, Coleridge encontrou abrigo na residência do médico James Gillman, em Highgate. Lá ele concluiu seu mais importante trabalho em prosa, a *Biographia Literaria* (1817), um volume composto por 25 capítulos com notas autobiográficas e dissertações sobre diferentes assuntos, incluindo uma boa dose de teoria e incisiva crítica literária. As partes em que Coleridge expunha suas definições sobre a natureza da poesia e da imaginação eram particularmente importantes: ele fazia uma famosa distinção entre as imaginações primária e secundária e a fantasia. Por causa dessa obra, foi acusado de plágio no tratamento que dera aos filósofos idealistas, pois apresentava traduções extensas de outros autores – particularmente de Schelling – como sendo de sua autoria. Alguns de seus defensores argumentaram que o plágio não teria acontecido de maneira intencional e que poderia ser atribuído ao seu vício e à sua desorganização com suas anotações, não conseguindo distinguir suas próprias criações das de outros escritores.

Coleridge publicou também outras obras enquanto viveu na casa dos Gillman, mais notadamente *Sibylline Leaves* (Folhas Proféticas) em 1817, *Aids to Reflexion* (Auxílio à Reflexão) em 1825 e *Church and State* (A Igreja e o Estado) em 1830. Coleridge faleceu em Highgate, no dia 25 de Julho de 1834.

SOBRE A BALADA DO VELHO MARINHEIRO

A Balada do Velho Marinheiro é o mais longo e significativo poema de Samuel Taylor Coleridge. Escrita em uma linguagem que imita as baladas escocesas das regiões que fazem fronteira com a Inglaterra, seu enredo trata dos infortúnios que um homem do mar sofre ao alvejar um albatroz (Os albatrozes são aves que simbolizam boa sorte, cuja ocorrência pode ser constatada no sul dos oceanos, bem como no norte do Pacífico), em detrimento de seus companheiros, e relata os acontecimentos sobrenaturais experienciados por ele em sua longa jornada marítima. Seu navio é arrastado por tempestades até a Antártica, no pólo sul, o continente mais frio do planeta, quase que totalmente coberto por gelo.

Na história, o pássaro surge das brumas e conduz o navio para fora da ameaçadora terra gelada, mas é mais tarde alvejado pela "besta" (ou "balestra", antiga arma que dispara setas) do Marinheiro – figura central da história. Sendo a ave considerada um sinal de boa sorte, tal ato provoca a ira de seres sobrenaturais, cuja compreensão está, para o ser humano comum, muito além do campo científico (exemplos disso são as menções feitas a visões de anjos, curas e comunicação com os mortos).

Espíritos perseguem a embarcação, e o que a princípio parece ser um bom vento que sopra do sul acaba conduzindo-os à uma região de absoluta calmaria. Atormentados pela sede que sobre eles se abate, os membros da tripulação penduram o albatroz em volta do pescoço do

Marinheiro, como que atribuindo a ele toda a culpa. Numa passagem assustadora, surge um navio-fantasma, cuja tripulação consiste da Morte (na figura de um esqueleto) e da Vida-em-Morte (Uma mulher de palidez aterrorizante). As duas, então, jogam dados pelas almas dos tripulantes, e a Morte conquista todas as almas, exceto a do Marinheiro, a qual é ganha pela Vida-em-Morte.

Um a um, os tripulantes morrem, enquanto que o Marinheiro continua vivo. Por sete dias e sete noites ele é forçado a conviver com a praga que permanece viva no olhar dos mortos. Ao final, a maldição é quebrada quando ele tem a visão de criaturas marinhas nadando no oceano, e as abençoa de todo o coração. O albatroz então cai de seu pescoço, parcialmente expiando-o de sua penitência. Os corpos dos tripulantes, possuídos por espíritos benevolentes, se erguem e conduzem o navio de volta ao lar, onde ele naufraga em um turbilhão, enquanto que o Marinheiro é salvo por um velho Eremita em um bote. Como penitência – agora renovada – por seu terrível ato, ele é destinado a vagar de lugar em lugar ensinando, através de sua história, uma lição a todos aqueles que encontra.

A Balada do Velho Marinheiro foi supostamente inspirada por uma conversa entre Coleridge e William Wordsworth, que havia lido recentemente a obra *Uma Viagem Pelo Mundo*, de autoria de George Shelvocke. A história de Shelvocke narra um incidente em que um segundo oficial no comando mata um albatroz que havia acompanhado o navio por vários dias. O navio, chamado Speedwell, viria a perder-se próximo à ilha de Juan Fernandez.

Outros atribuem a inspiração para o poema a um sonho que George Cruickshank, amigo de Coleridge, tivera ao concluir a leitura do livro *Uma Estranha e perigosa Viagem*, de Thomas James. Essa obra narra a história de um velho náufrago que fora salvo por anjos que pilotavam o navio. Alguns afirmam que a figura central do Velho Marinheiro (o qual dialoga com o Convidado ao longo da *Balada*), pode ter sido inspirada em Fletcher Christian, que comandara um motim no navio Bounty, e desaparecera logo em seguida. Coleridge teria ouvido, com relativa certeza, que Christian teria se estabelecido na Inglaterra. Contudo, nenhuma das histórias pode ser provada.

SOBRE O TRADUTOR

O paulistano Weimar de Carvalho nasceu no dia 28 de junho de 1967. Iniciou sua vida profissional nos anos 80 no setor de artes gráficas, trabalhando para editoras e agências de propaganda como designer gráfico, ilustrador, redator e diretor de arte. Depois de seis anos atuando na área, começou a sentir um crescente interesse pela língua inglesa, abandonando a propaganda e profissionalizando-se como professor do idioma, sendo admitido em 1991 pela escola Cel-Lep, onde até hoje leciona. Com base em suas experiência como redator publicitário, subseqüentemente traduções de variados tipos sempre fizeram parte de suas atividades, paralelamente ao ensino, mas não a tradução literária até 2002. Suas influências, no entanto, não têm origem na poesia, mas nas leituras sobre filosofia, psicologia e mitologia (em especial, livros do psicólogo Carl Gustav Jung e do mitólogo Joseph Campbell). Tais interesses acabaram encontrando ressonância nas obras do romântico William Blake (1757-1827); poeta, filósofo, místico, pintor e visionário inglês.

Surgiu então, no final de 2002, sua parceria com o amigo e poeta Gilberto Sorbini, e juntos traduziram a série de poemas de Blake *Songs of Innocence & Songs of Experience* (Canções da Inocência e Canções da Experiência – Disal Editora) na íntegra, fazendo sua estréia em tradução literária, mais especificamente em poesia. Paralelamente, assumiu a tarefa de traduzir um trabalho que já conhecia há aproximadamente quinze anos: *A Balada do Velho Marinheiro*, mais famoso poema de outro romântico inglês, Samuel Taylor Coleridge. Segundo Weimar, o maior desafio em traduzir a obra foi criar uma linguagem bem pessoal de tradução poética, objetivando ampliar os limites da musicalidade dos versos nas quase 150 estrofes do poema, bem como torná-lo acessível ao leitor em geral, e não somente aos eruditos e acadêmicos. Isso, mantendo-se o mais fiel possível às imagens e visões de Coleridge, que recheiam a história narrada pelo Marinheiro em sua balada.

AGRADECIMENTOS

O autor desta tradução gostaria de agradecer a Gilberto Sorbini, Anderson Borges Costa, Melissa Kassner, Marcos Malvezzi Leal, Nancy Lake, Mônica Elston Leitão e Suzana Mattos pelo apoio e cooperação dedicados ao trabalho.

A BALADA DO VELHO MARINHEIRO

THE RIME OF THE ANCIENT MARINER

Estou convicto de que existem no universo mais Seres invisíveis do que visíveis, mas quem poderá nos explicar essa numerosa companhia, suas qualidades, suas afinidades, suas características peculiares e as funções de cada uma? O que fazem? Que lugares habitam? O intelecto humano sempre buscou conhecimento desses assuntos, mas jamais conseguiu obtê-lo. No entanto, não posso negar que às vezes é agradável contemplar na mente, como que em uma pintura, a imagem de um mundo melhor e mais grandioso, para que nossa inteligência, habituada às trivialidades da vida moderna, possa não atrofiar tão drasticamente e tornar-se completamente submersa em reflexões banais. Contudo, devemos atentar à verdade e manter um julgamento justo, para que possamos distinguir as coisas certas das incertas, o dia da noite.— T. Burnet, *Archaeologiae Philosophicae Sive Doctrina Antiqua De Rerum Originibus*. Libri Duo: Londini, MDCXCII, pág. 68.

I readily believe that there are more invisible Natures in the universe than visible ones. Yet who shall explain to us this numerous company, their grades, their relationships, their distinguished features and the functions of each of them? What do they do? What places do they inhabit? The human intellect has always sought for knowledge of these matters, but has never attained it. Nevertheless, I do not deny that it is pleasing now and then to contemplate in the mind, as if in a picture, the image of a greater and better world, in order that our intelligence, grown accustomed to the trifles of modern life, may not shrink too drastically and become totally submerged in petty reflections. Nevertheless, we must pay heed to truth and keep a just measure, so that we can distinguish sure things from uncertain, day from night. —T. Burnet, Archaeologiae Philosophicae Sive Doctrina Antiqua De Rerum Originibus. Libri Duo: Londini, MDCXCII, p.68.

Argumento

    Sobre como um navio que, tendo ido além do Equador, foi arrastado por tempestades em direção às Terras Geladas do Pólo Sul e como retomou seu curso de volta às Latitudes tropicais do vasto Oceano Pacífico; sobre as coisas estranhas que se sucederam e sobre como o Velho Marinheiro retornou à sua Terra.

Argument

How a Ship having passed the Line was driven by storms to the cold Country towards the South Pole; and how from thence she made her course to the tropical Latitude of the Great Pacific Ocean; and of the strange things that befell; and in what manner the Ancyent Marinere came back to his own Country.

Parte I

Um velho Marinheiro depara-se com três jovens Convidados em uma cerimônia nupcial e detém um deles.

*Ele é um velho Homem do Mar
Que aborda um dos três Convidados:
'Pelo teu olhar a cintilar,
Por que me deténs, velho barbado?*

*Pois o Noivo já abrira as portas,
E dele, sou também parente;
Saudações feitas, mesa posta:
Não ouves o burburinho contente?'*

*'Contar-te-ei sobre um navio'
Diz o Marujo, ao agarrá-lo.
'Larga de mim, velho senil!'
E o jovem o convence a soltá-lo.*

Part I

An ancient Mariner meeteth three Gallants bidden to a wedding-feast, and detaineth one.

It is an ancient Mariner
And he stoppeth one of three.
'By thy long beard and glittering eye,
Now wherefore stopp'st thou me?

The Bridegroom's doors are opened wide,
And I am next of kin;
The guests are met, the feast is set:
May'st hear the merry din.'

He holds him with his skinny hand,
'There was a ship,' quoth he.
'Hold off! unhand me, grey-beard loon!'
Eftsoons his hand dropt he.

O Convidado é enfeitiçado pelo olhar do velho Homem do Mar e é forçado a ouvir sua história.

Mas, com seu olhar cintilante,
O Marinheiro o paralisa:
Fá-lo escutar, como a um infante,
E sua vontade, enfim, realiza.

O jovem se senta em uma rocha:
Só lhe restava escutar
Ao Marujo, com o olhar qual tocha,
Que prosseguia a falar:

O Marinheiro conta como a embarcação navegou em direção ao sul, conduzida por bons ventos e pelo bom tempo, até atingir o Equador.

'O porto foi desimpedido,
E zarpamos em festa tamanha;
Sob o farol que, reluzindo,
Banhava a igreja e a montanha.

O Sol nascia à nossa esquerda,
Surgindo direto do mar!
E resplandecente, à direita,
Nele voltava a mergulhar.

A cada dia, mais e mais alto,
Ele aprumou-se sobre nós' —
O jovem teve um sobressalto,
Pois, de um fagote, ouvira a voz:

The Wedding-Guest is spell-bound by the eye of the old seafaring man, and constrained to hear his tale.

He holds him with his glittering eye —
The Wedding-Guest stood still,
And listens like a three years' child:
The Mariner hath his will.

The Wedding-Guest sat on a stone:
He cannot choose but hear;
And thus spake on that ancient man,
The bright-eyed Mariner.

The Mariner tells how the ship sailed southward with a good wind and fair weather, till it reached the Line.

'The ship was cheered, the harbour cleared,
Merrily did we drop
Below the kirk, below the hill,
Below the lighthouse top.

The Sun came up upon the left,
Out of the sea came he!
And he shone bright, and on the right
Went down into the sea.

Higher and higher every day,
Till over the mast at noon —'
The Wedding-Guest here beat his breast,
For he heard the loud bassoon.

O Convidado ouve a música nupcial, mas o Marinheiro prossegue com sua história.

A noiva adentrara o salão,
Vermelha como uma rosa;
E os menestréis, em aprovação,
Conduzem-na em forma jocosa.

Mas o Marujo continuava;
E o jovem Convidado, aflito,
A história do velho escutava,
Pois não lhe fora dado arbítrio.

The Wedding-Guest heareth the bridal music; but the Mariner continueth his tale.

The bride hath paced into the hall,
Red as a rose is she;
Nodding their heads before her goes
The merry minstrelsy.

The Wedding-Guest he beat his breast,
Yet he cannot choose but hear;
And thus spake on that ancient man,
The bright-eyed Mariner.

O navio é arrastado por uma tempestade em direção ao pólo sul,

'Eis que irrompeu a TEMPESTADE,
Cheia de força e tirania:
Com asas de impetuosidade,
Ao sul nos perseguiria.

Com mastros vergados e proa imergente —
Como quem, fugindo ao castigo,
Inclina a cabeça e segue em frente,
Pois tem no seu encalço o inimigo —
A nau evadia o vendaval,
Rumo ao sul, com empuxo total.

The ship driven by a storm toward the south pole.

'And now the STORM-BLAST came, and he
Was tyrannous and strong:
He struck with his o'ertaking wings,
And chased us south along.

With sloping masts and dipping prow,
As who pursued with yell and blow
Still treads the shadow of his foe,
And forward bends his head,
The ship drove fast, loud roared the blast,
The southward aye we fled.

*Eis que, verde qual esmeralda
E surgida da bruma e do frio,
Flutuava uma geleira, tão alta
Quanto o mastro do navio.*

And now there came both mist and snow,
And it grew wondrous cold:
And ice, mast-high, came floating by,
As green as emerald.

A terra do gelo e de pavorosos sons, onde não havia sinal algum de qualquer criatura viva.

*Sem qualquer sinal de homem ou besta,
Tudo era gelo à nossa vista!
Movia à mercê da correnteza
E transluzia uma cor sinistra.*

*Gelo aqui, ali e muito além que,
À medida que se partia,
Quebrava o silêncio também,
Pois rosnava, uivava e rugia!*

The land of ice, and of fearful sounds where no living thing was to be seen.

And through the drifts the snowy cliffs
Did send a dismal sheen:
Nor shapes of men nor beasts we ken —
The ice was all between.

The ice was here, the ice was there,
The ice was all around:
It cracked and growled, and roared and howled,
Like noises in a swound!

Até que, vindo através do nevoeiro, um grande pássaro dos mares, conhecido como Albatroz, aproximou-se e foi recebido com grande alegria e hospitalidade.

Após longo tempo eu avisto
Um ALBATROZ que, das brumas, sai;
Como fosse ele a alma do Cristo,
Saudamo-lo em nome do Pai.

Por comida que nunca comera,
Rodeava em vôo o dia inteiro.
Fendeu num estrondo a geleira:
Nela embrenhou-se o timoneiro!

O Albatroz mostra-se um pássaro do bom presságio e acompanha o navio enquanto ele retoma seu curso rumo ao norte, através das brumas e do gelo.

Do sul, soprava um gentil vento:
E o Albatroz, todos os dias,
Por divertimento ou alimento,
Ao nosso chamado, atendia!

Sobre os cordames ou mastros,
Toda noite, fazia seu poleiro;
Enquanto o Luar deixava um rastro,
Brilhando através do nevoeiro'.

Till a great sea-bird, called the Albatross, came through the snow-fog, and was received with great joy and hospitality.

At length did cross an Albatross,
Thorough the fog it came;
As if it had been a Christian soul,
We hailed it in God's name.

It ate the food it ne'er had eat,
And round and round it flew.
The ice did split with a thunder-fit;
The helmsman steered us through!

And lo! the Albatross proveth a bird of good omen, and followeth the ship as it returned northward through fog and floating ice.

And a good south wind sprung up behind;
The Albatross did follow,
And every day, for food or play,
Came to the mariner's hollo!

In mist or cloud, on mast or shroud,
It perched for vespers nine;
Whiles all the night, through fog-smoke white,
Glimmered the white Moon-shine.'

Em hostilidade, o Marinheiro mata o sagrado pássaro do bom presságio.

No entanto, num tiro certeiro,
Com minha besta, alvejei o ALBATROZ!
'Que Deus te livre, ó Marinheiro,
Dessa impiedosa praga atroz!'

The ancient Mariner inhospitably killeth the pious bird of good omen.

'God save thee, ancient Mariner!
From the fiends, that plague thee thus! —
Why look'st thou so?' — With my cross-bow
I shot the ALBATROSS.

Parte II

Seus companheiros bradam contra o velho Marinheiro por ele ter matado o pássaro da boa ventura.

Agora o Sol se erguia a estibordo,
Surgindo direto do mar;
E oculto na bruma, a bombordo,
Nele tornava a mergulhar.

Ainda soprava, do sul, o bom vento,
Mas não mais nos seguia a doçura —
Por divertimento ou alimento —
Do pássaro da boa ventura!

Eu cometera um ato horrendo que,
Aos homens, traria a desgraça;
E todos bradaram, em acusamento:
'Miserável velho agourento!
Mataste o pássaro da graça,
Que fazia soprar o gentil vento!'

Part II

His shipmates cry out against the ancient Mariner, for killing the bird of good luck.

The Sun now rose upon the right:
Out of the sea came he,
Still hid in mist, and on the left
Went down into the sea.

And the good south wind still blew behind,
But no sweet bird did follow,
Nor any day for food or play
Came to the mariners' hollo!

And I had done a hellish thing,
And it would work 'em woe:
For all averred, I had killed the bird
That made the breeze to blow.
Ah wretch! said they, the bird to slay,
That made the breeze to blow!

*No entanto, quando
o nevoeiro se esvai,
eles justificam seu ato,
tornando-se cúmplices
do crime.*

Mas quando o Sol se ergueu com esplendor,
Como a efígie do próprio Senhor,
Todos disseram, em única voz:
'Não fizeste maldade alguma
Quando alvejaste o ALBATROZ,
Pois trazia consigo névoa e bruma!'

*A suave brisa permanece;
o navio adentra o Oceano
Pacífico e navega em
direção ao norte até
atingir o Equador.*

Jamais, embarcação alguma,
Irrompera na paz das geleiras;
Fluindo com a brisa e com a espuma,
Seria a nossa a primeira.

*Repentinamente,
o navio pára.*

As velas caem, pois a brisa dispersa:
Sentimos um imenso pesar.
Nos entretemos em conversa,
A fim de quebrar o silêncio do mar!

Num céu tórrido e acobreado,
O Sol sangrava, ao meio-dia;
E acima do mastro, aprumado,
Pequeno qual a Lua, parecia.

Um dia após outro seguiu,
E sem o sopro da brisa, paramos;
Como a pintura de um navio
Sobre a pintura de um oceano.

*Então o Albatroz
começa a ser vingado.*

Água por todos os lados,
E as pranchas se punham a encolher;
Água por todos os lados,
E nenhuma gota para beber.

But when the fog cleared off, they justify the same, and thus make themselves accomplices in the crime.	Nor dim nor red, like God's own head, The glorious Sun uprist: Then all averred, I had killed the bird That brought the fog and mist. 'Twas right, said they, such birds to slay, That bring the fog and mist.
The fair breeze continues; the ship enters the Pacific Ocean, and sails northward, even till it reaches the Line.	The fair breeze blew, the white foam flew, The furrow followed free; We were the first that ever burst Into that silent sea.
The ship hath been suddenly becalmed.	Down dropt the breeze, the sails dropt down, 'Twas sad as sad could be; And we did speak only to break The silence of the sea!

All in a hot and copper sky,
The bloody Sun, at noon,
Right up above the mast did stand,
No bigger than the Moon.

Day after day, day after day,
We stuck, nor breath nor motion;
As idle as a painted ship
Upon a painted ocean.

And the Albatross begins to be avenged.	Water, water, every where, And all the boards did shrink; Water, water, every where, Nor any drop to drink.

O fundo do mar, nauseante:
Ó Cristo! Como era possível?
Criaturas de ar repugnante
Rastejavam no mar repulsivo!

Na água, multicolorido
Como óleo de bruxaria,
E dançando ao redor, entretido,
O fogo do inferno ardia!

Um Espírito os havia seguido; não uma alma desencarnada ou um anjo, mas um dos habitantes invisíveis deste planeta, a respeito dos quais Josephus, o erudito judeu, e Michael Psellus, o Platônico de Constantinopla, podem ser consultados. Eles existem em grande número, e não há ambiente ou elemento que não abrigue um ou mais deles.

Alguns viram em pesadelos que
Um Espírito, à nove braças,
Desde a terra da névoa e do gelo
Nos seguia, trazendo a desgraça!

E cada língua, ressecada,
Retorcia-se desde sua origem;
A voz de cada um foi estancada,
Como engasgada por fuligem.

The very deep did rot: O Christ!
That ever this should be!
Yea, slimy things did crawl with legs
Upon the slimy sea.

About, about, in reel and rout
The death-fires danced at night;
The water, like a witch's oils,
Burnt green, and blue and white.

A Spirit had followed them; one of the invisible inhabitants of this planet, neither departed souls nor angels; concerning whom the learned Jew, Josephus, and the Platonic Constantinopolitan, Michael Psellus, may be consulted. They are very numerous, and there is no climate or element without one or more.

And some in dreams assured were
Of the Spirit that plagued us so;
Nine fathom deep he had followed us
From the land of mist and snow.

And every tongue, through utter drought,
Was withered at the root;
We could not speak, no more than if
We had been choked with soot.

Seus companheiros, em sua dolorosa angústia, colocam toda a culpa no Marinheiro, e em sinal disso penduram o pássaro morto em seu pescoço.

Então todos, velhos e moços,
Lançaram a mim um olhar feroz!
E em vez da cruz, em meu pescoço,
Dependuraram o Albatroz.

Parte III

O velho Marinheiro então avista algo à distância.

As passadas do tempo eram lentas!
Quando cada olho vidrado
E cada garganta sedenta
Já havia dele se cansado,
A oeste voltei-me e, ao léu,
Vi que surgia algo no céu!

Parecia um ponto, inicialmente,
E uma bruma, logo em seguida;
Movia, movia e, finalmente,
Vi sua imagem mais definida.

The shipmates, in their sore distress, would fain throw the whole guilt on the ancient Mariner: in sign whereof they hang the dead sea-bird round his neck.

Ah! well a-day! what evil looks
Had I from old and young!
Instead of the cross, the Albatross
About my neck was hung.

Part III

The ancient Mariner beholdeth a sign in the element afar off.

There passed a weary time. Each throat
Was parched, and glazed each eye.
A weary time! a weary time!
How glazed each weary eye,
When looking westward, I beheld
A something in the sky.

At first it seemed a little speck,
And then it seemed a mist;
It moved and moved, and took at last
A certain shape, I wist.

	Um ponto, uma bruma, uma imagem,
	Que em sua aproximação
	Investia em guinadas e arfagens,
	Como a fugir de assombração!

Parecia ser um navio que se aproximava e, à custa de um alto preço, sua fala estancada pela sede é libertada.

Nossas gargantas, ressequidas,
Por sede foram emudecidas,
Calando as queixas e as risadas!
Meu braço mordi e suguei a ferida,
Mantendo minha boca molhada.

Um lampejo de alegria;

Embarcação! Embarcação! —
Em exultação, pus-me a gritar:
Riu-se então a tripulação que,
Embriagando-se em emoção,
Mal conseguia respirar.

Então se sucede o terror, pois como podia um navio avançar sem vento ou correnteza?

Cri que seríamos salvos quando a nau
Se estabiliza mas, que surpresa! —
Com sua quilha na vertical,
Movia sem brisa ou correnteza!

A onda do oeste ardia
Ao grande Sol incandescente
Que, por trás dela, jazia,
Pois já chegara o fim do dia!
E a estranha figura, abruptamente,
Entre ele e nós se intrometia.

Aquilo lhe parece ser o esqueleto de uma embarcação. Suas costelas são como barras sobrepostas à face do Sol poente.

A face do Sol, ao lado oeste,
Como que presa em uma masmorra,
Com grades, então, se veste.
(Ó Mãe Celeste, nos socorra!)

A speck, a mist, a shape, I wist!
And still it neared and neared:
As if it dodged a water-sprite,
It plunged and tacked and veered.

At its nearer approach, it seemeth him to be a ship; and at a dear ransom he freeth his speech from the bonds of thirst.

With throats unslaked, with black lips baked,
We could nor laugh nor wail;
Through utter drought all dumb we stood!
I bit my arm, I sucked the blood,
And cried, A sail! a sail!

A flash of joy;

With throats unslaked, with black lips baked,
Agape they heard me call:
Gramercy! they for joy did grin,
And all at once their breath drew in,
As they were drinking all.

And horror follows. For can it be a ship that comes onward without wind or tide?

See! see! (I cried) she tacks no more!
Hither to work us weal;
Without a breeze, without a tide,
She steadies with upright keel!

The western wave was all a-flame.
The day was well nigh done!
Almost upon the western wave
Rested the broad bright Sun;
When that strange shape drove suddenly
Betwixt us and the Sun.

It seemeth him but the skeleton of a ship. And its ribs are seen as bars on the face of the setting Sun.

And straight the Sun was flecked with bars,
(Heaven's Mother send us grace!)
As if through a dungeon-grate he peered
With broad and burning face.

> Como ela chega velozmente!
> (Houve um disparo em meu peito)
> São aquelas suas velas, realmente,
> Como teias ao sol e ao vento?

Havia somente a Mulher-Espectro e a Morte, sua companheira, a bordo do navio-esqueleto.

> As costelas, que vazam o Sol
> Assim como grades, são suas?
> Aquela Mulher está só?
> Será que a bordo existem duas?
> Seria a outra a MORTE crua?

Tal qual a embarcação era sua tripulação!

> Ela tinha lábios vermelhos,
> Ouro nas tranças dos cabelos
> E a pálida tez de um leproso;
> A VIDA-EM-MORTE em Pesadelo,
> Que gela o sangue quente e aquoso.

A Morte e a Vida-em-Morte jogam dados pela sorte da tripulação, e esta última conquista a posse do velho Marinheiro.

> Com dados, jogavam nossa sorte
> Quando emparelhou o navio;
> 'Ganhei!' – Disse a VIDA-EM-MORTE,
> Que logo deu três assovios.

Não há crepúsculo ao pôr do Sol.

> Estrelas se erguem, e o Sol afunda:
> De súbito, fica tudo escuro;
> A nau-fantasma some, em fuga,
> Deixando um distante sussurro.

*Alas! (thought I, and my heart beat loud)
How fast she nears and nears!
Are those her sails that glance in the Sun,
Like restless gossameres?*

The Spectre-Woman and her Death-mate, and no other on board the skeleton ship.

*And those her ribs through which the Sun
Did peer, as through a grate?
And is that Woman all her crew?
Is that a DEATH? and are there two?
Is DEATH that woman's mate?*

Like vessel, like crew!

*Her lips were red, her looks were free,
Her locks were yellow as gold:
Her skin was as white as leprosy,
The Night-mare LIFE-IN-DEATH was she,
Who thicks man's blood with cold.*

Death and Life-in-Death have diced for the ship's crew, and she (the latter) winneth the ancient Mariner.

*The naked hulk alongside came,
And the twain were casting dice;
'The game is done! I've won! I've won!'
Quoth she, and whistles thrice.*

No twilight within the courts of the Sun.

*The Sun's rim dips; the stars rush out:
At one stride comes the dark;
With far-heard whisper, o'er the sea,
Off shot the spectre-bark.*

Quando a Lua surge no céu,

Pasmados, ficamos sem ação!
O medo, em meu coração,
Como a servir-se de bebida,
Sorvia o sangue de minha vida!
As estrelas brilhavam obscuras
Na noite de densa negrura,
E a face do homem ao timão
Brilhava à luz de seu lampião.
O orvalho goteja das velas,
E a Lua ascende, sobre as vergas,
Com um par de chifres ao redor
E uma estrela ao lado dela,
Acerca do chifre menor.

Um após o outro,

Ao Luar, sem suspiro ou gemido,
Cada um, fitando-me no rosto,
Rogou-me sua praga terrível,
Num olhar de angústia e desgosto.

Seus companheiros caem mortos.

Duzentas vidas ao todo:
(E eu não ouvi suspiro algum)
Com o baque de um peso morto
Eles tombaram, um por um.

Mas a Vida-em-Morte começa a exercer seu poder sobre o velho Marinheiro.

As almas voavam dos corpos,
A um fado de dor ou alegria!
E a alma de cada um dos mortos,
Qual o som de minha besta, zunia!

At the rising of the Moon,   We listened and looked sideways up!
　　　　　　　　　　　　　Fear at my heart, as at a cup,
　　　　　　　　　　　　　My life-blood seemed to sip!
　　　　　　　　　　　　　The stars were dim, and thick the night,
　　　　　　　　　　　　　The steerman's face by his lamp gleamed white;
　　　　　　　　　　　　　From the sails the dew did drip —
　　　　　　　　　　　　　Till clomb above the eastern bar
　　　　　　　　　　　　　The hornéd Moon, with one bright star
　　　　　　　　　　　　　Within the nether tip.

One after another,   One after one, by the star-dogged Moon,
　　　　　　　　　　Too quick for groan or sigh,
　　　　　　　　　　Each turned his face with a ghastly pang,
　　　　　　　　　　And cursed me with his eye.

His shipmates   Four times fifty living men,
drop down dead.   (And I heard nor sigh nor groan)
　　　　　　　　With heavy thump, a lifeless lump,
　　　　　　　　They dropped down one by one.

But Life-in-Death   The souls did from their bodies fly, —
begins her work on   They fled to bliss or woe!
the ancient Mariner   And every soul, it passed me by,
　　　　　　　　　　Like the whizz of my cross-bow!

Parte IV

O Convidado teme estar dialogando com um Espírito;

'Ó velho, tu me apavoras;
Olhar tua mão dá calafrios!
E qual bancos de areia na orla,
Tu és pardo, delgado e esguio.

Mas o velho Marinheiro lhe assegura que seu corpo está vivo, e prossegue com o relato de sua terrível penitência.

Temo teu olhar a cintilar,
Tua magra mão, que o Sol queimou'—
Não tens porque te apavorar,
Pois este corpo não tombou!

Na mais completa solidão;
Num vasto mar, em plena calma,
Os céus negavam compaixão
Por minha agonizante alma!

Part IV

The Wedding-Guest feareth that a Spirit is talking to him;

'I fear thee, ancient Mariner!
I fear thy skinny hand!
And thou art long, and lank, and brown,
As is the ribbed sea-sand.

But the ancient Mariner assureth him of his bodily life, and proceedeth to relate his horrible penance.

I fear thee and thy glittering eye,
And thy skinny hand, so brown' —
Fear not, fear not, thou Wedding-Guest!
This body dropt not down.

Alone, alone, all, all alone,
Alone on a wide wide sea!
And never a saint took pity on
My soul in agony.

Ele mostra desprezo pelas criaturas da calmaria, e as inveja por permanecerem vivas, enquanto tantos homens jazem sem vida

Tantos homens, outrora viçosos,
Faziam ali seus jazigos,
Mas milhões de seres viscosos
Sobreviveriam comigo.

Vi o mar em decomposição
E voltei meu olhar, nauseado:
Vi então o convés em podridão,
Com corpos por todos os lados.

Tentei rezar ao Poderoso,
Mas a resposta à minha oração
Foi um sussurro maldoso,
Que endureceu meu coração.

Tentando mantê-los fechados,
Sentia meus olhos a pulsar;
Pois, como fardos, céu e mar
E mar e céu os haviam cansado,
Com os corpos caídos ao meu lado.

He despiseth the creatures of the calm, And envieth that they should live, and so many lie dead.

The many men, so beautiful!
And they all dead did lie:
And a thousand thousand slimy things
Lived on; and so did I.

I looked upon the rotting sea,
And drew my eyes away;
I looked upon the rotting deck,
And there the dead men lay.

I looked to heaven, and tried to pray;
But or ever a prayer had gusht,
A wicked whisper came, and made
My heart as dry as dust.

I closed my lids, and kept them close,
And the balls like pulses beat;
For the sky and the sea, and the sea and the sky
Lay like a load on my weary eye,
And the dead were at my feet.

Mas, para ele, a maldição permanece viva no olhar dos mortos.

Dos mortos, o suor escorria,
Mas não exalava cheiro ruim;
Não morreria, todavia,
O olhar que lançaram a mim!

A praga da criança sem pais
Arrasta um santo ao submundo,
Mas nenhuma apavora mais
Que a do olhar de um moribundo!
Tal praga, em seus olhos, eu vi
Por sete dias, e não morri!

But the curse liveth for him in the eye of the dead men.

The cold sweat melted from their limbs,
Nor rot nor reek did they:
The look with which they looked on me
Had never passed away.

An orphan's curse would drag to hell
A spirit from on high;
But oh! more horrible than that
Is the curse in a dead man's eye!
Seven days, seven nights, I saw that curse,
And yet I could not die.

*Estático e na mais
completa solidão, ele
anseia pelo movimento
da lua e pelo contínuo
vagar das estrelas; e por
todos os lados o céu azul
a elas pertence, e lá fazem
seu lugar de descanso,
sua terra natal e seu lar,
onde podem transitar à
vontade, como soberanos
que já são aguardados,
embora haja um
silencioso contentamento
à sua chegada.*

*No céu noturno, a Lua ascendia
Num movimento sucessivo:
Suavemente, ela se erguia,
Com uma estrela ou duas consigo —*

*Sua luz, qual geada de abril,
Do ardente alto-mar, zombava;
Porém, na sombra do navio,
Queimava a água enfeitiçada,
Rubra qual sangue e estagnada.*

In his loneliness and fixedness he yearneth towards the journeying Moon, and the stars that still sojourn, yet still move onward; and every where the blue sky belongs to them, and is their appointed rest, and their native country and their own natural homes, which they enter unannounced, as lords that are certainly expected and yet there is a silent joy at their arrival.

The moving Moon went up the sky,
And no where did abide:
Softly she was going up,
And a star or two beside —

Her beams bemocked the sultry main,
Like April hoar-frost spread;
But where the ship's huge shadow lay,
The charméd water burnt alway
A still and awful red.

Sob a luz do Luar ele tem a visão das Divinas criaturas da calmaria,

Além da sombra do navio,
Vi que nadavam serpentes
Deixando rastros luzentes que,
Quando as cabeças, elas erguiam,
Tornavam-se flocos cadentes.

Em meio à sombra do navio,
Em ricas vestes eu as vejo:
Nas cores negra, verde e anil,
Nadavam e se contorciam,
Criando um áureo lampejo.

Com toda sua beleza e alegria. Ele então as abençoa de todo o coração.

Oh, não há verbo que dê expressão
À beleza de um ser vivente!
O amor brotou em meu coração,
E os abençoei, inconsciente.
Os céus tiveram compaixão,
E os abençoei, inconsciente.

A maldição começa a ser quebrada.

Rezei, num derradeiro esforço;
E o Albatroz, como chumbo,
Despencou de meu pescoço
E mergulhou no mar profundo.

By the light of the Moon he beholdeth God's creatures of the great calm,

Beyond the shadow of the ship,
I watched the water-snakes:
They moved in tracks of shining white,
And when they reared, the elfish light
Fell off in hoary flakes.

Within the shadow of the ship
I watched their rich attire:
Blue, glossy green, and velvet black,
They coiled and swam; and every track
Was a flash of golden fire.

Their beauty and their happiness. He blesseth them in his heart.

O happy living things! no tongue
Their beauty might declare:
A spring of love gushed from my heart,
And I blessed them unaware:
Sure my kind saint took pity on me,
And I blessed them unaware.

The spell begins to break.

The self-same moment I could pray;
And from my neck so free
The Albatross fell off, and sank
Like lead into the sea.

Parte V

Como és gentil, ó doce sono,
Amado de pólo a pólo!
Louvemos Maria em seu trono!
Pois tu desceste de seu colo
E, de minha alma, agora és dono.

Pelas graças da sagrada Mãe, o velho Marinheiro é refrescado pela chuva.

Num sonho meu, baldes se espalham
Sobre o convés do navio,
E são preenchidos com orvalho:
Então acordei, e a chuva caiu.

Minhas vestes e lábios, molhados;
Minha garganta estava fria;
Havia em sonhos me embriagado,
Porém, meu corpo ainda bebia.

Sem senti-lo, movia meu corpo;
E meu torpor era tanto
Que, ao despertar, pensei estar morto
E ser um fantasma santo.

Ele ouve sons, vê coisas estranhas e movimentação no céu e no mar.

Logo ouvi o som da ventania,
Que permanecia longínqua;
Todavia, seu rugir sacudia
As velas tão frágeis e à míngua.

De vida, então, encheu-se o ar,
Com as chamas de cem estandartes
Ardendo por todo o lugar!
Assim como, por toda parte,
Se via estrelas a dançar.

Part V

Oh sleep! It is a gentle thing,
Beloved from pole to pole!
To Mary Queen the praise be given!
She sent the gentle sleep from Heaven,
That slid into my soul.

By grace of the holy Mother, the ancient Mariner is refreshed with rain.

The silly buckets on the deck,
That had so long remained,
I dreamt that they were filled with dew;
And when I awoke, it rained.

My lips were wet, my throat was cold,
My garments all were dank;
Sure I had drunken in my dreams,
And still my body drank.

I moved, and could not feel my limbs:
I was so light — almost
I thought that I had died in sleep,
And was a blessèd ghost.

He heareth sounds and seeth strange sights and commotions in the sky and the element.

And soon I heard a roaring wind:
It did not come anear;
But with its sound it shook the sails,
That were so thin and sere.

The upper air burst into life!
And a hundred fire-flags sheen,
To and fro they were hurried about!
And to and fro, and in and out,
The wan stars danced between.

O vento, mais alto a rugir,
As velas, fez suspirar;
E a chuva se pôs a cair,
De uma negra nuvem ao Luar.

A Lua era companheira
Da nuvem negra estacionada:
Caiu um raio, de forma certeira,
Como as águas da catarata
Sobre as íngremes corredeiras.

Os corpos da tripulação são inspirados, e o navio é impulsionado adiante;

O vento, embora longínquo,
Fazia o barco navegar!
Dos mortos, se ouviu um gemido,
À luz do raio e do Luar.

Calados, com olhar vidrado,
Erguiam-se os corpos, contorcidos:
Como era estranho haver sonhado
Com o levantar dos falecidos!

Conduzia o barco o timoneiro,
Embora não aflasse o vento.
Nos cordames, os marinheiros
Punham os membros em movimento,
Voltando ao labor rotineiro —
Que bando de aspecto horrendo!

O filho morto de meu irmão
Puxava uma corda ao meu lado,
Trabalhando em comunhão;
Contudo, mantinha-se calado.

And the coming wind did roar more loud,
And the sails did sigh like sedge;
And the rain poured down from one black cloud;
The Moon was at its edge.

The thick black cloud was cleft, and still
The Moon was at its side:
Like waters shot from some high crag,
The lightning fell with never a jag,
A river steep and wide.

The bodies of the ship's crew are inspired, and the ship moves on;

The loud wind never reached the ship,
Yet now the ship moved on!
Beneath the lightning and the Moon
The dead men gave a groan.

They groaned, they stirred, they all uprose,
Nor spake, nor moved their eyes;
It had been strange, even in a dream,
To have seen those dead men rise.

The helmsman steered, the ship moved on;
Yet never a breeze up-blew;
The mariners all 'gan work the ropes,
Where they were wont to do;
They raised their limbs like lifeless tools —
We were a ghastly crew.

The body of my brother's son
Stood by me, knee to knee:
The body and I pulled at one rope,
But he said nought to me.

Não pelas almas dos homens nem por demônios da terra ou do ar, mas por uma tropa de benditos espíritos angelicais, enviados pela evocação do santo guardião.

'Ó Marinheiro, estou assustado!'
Não te apavores, Convidado!
Não eram as almas dos mortos,
Mas espíritos sagrados
Que reanimavam aqueles corpos:

Soltavam seus braços, qual lastros,
Ao surgimento da aurora,
E agrupando-se em torno do mastro,
Emitiam sons doces agora.

Sons que rodeavam em vôo e,
Do Sol, disparavam a caminho;
Então regressavam, de novo,
Ora em conjunto, ora sozinhos.

Ora, no céu, eu podia
Ouvir gorjear a cotovia;
Ora eu podia escutar
Todas as aves, em cantoria,
Como a preencher o céu e o mar!

Ora é qual um som orquestral,
Ora é qual isolada flauta,
Ora canção angelical,
Calando a celeste voz alta.

E as velas seguiram em frente
Em melodia, até meio-dia;
Tal qual o som de uma nascente
Que, na mata junina, se abriga,
Entoando à floresta dormente
Sua quieta e noturna cantiga.

But not by the souls of the men, nor by demons of earth or middle air, but by a blessed troop of angelic spirits, sent down by the invocation of the guardian saint.

'I fear thee, ancient Mariner!'
Be calm, thou Wedding-Guest!
'Twas not those souls that fled in pain,
Which to their corses came again,
But a troop of spirits blest:

For when it dawned — they dropped their arms,
And clustered round the mast;
Sweet sounds rose slowly through their mouths,
And from their bodies passed.

Around, around, flew each sweet sound,
Then darted to the Sun;
Slowly the sounds came back again,
Now mixed, now one by one.

Sometimes a-dropping from the sky
I heard the sky-lark sing;
Sometimes all little birds that are,
How they seemed to fill the sea and air
With their sweet jargoning!

And now 'twas like all instruments,
Now like a lonely flute;
And now it is an angel's song,
That makes the heavens be mute.

It ceased; yet still the sails made on
A pleasant noise till noon,
A noise like of a hidden brook
In the leafy month of June,
That to the sleeping woods all night
Singeth a quiet tune.

Até meio-dia velejamos,
Mesmo sem o sopro do vento;
Para o norte, em silêncio, rumamos,
Num movimento suave e lento.

Till noon we quietly sailed on,
Yet never a breeze did breathe:
Slowly and smoothly went the ship,
Moved onward from beneath.

O solitário Espírito do pólo sul conduz o navio até o Equador, em obediência à tropa de anjos. No entanto, ainda precisa vingar-se.

Sob as nove braças da quilha,
Da terra da neve e da bruma,
Vinha o espírito que movia
As vazias velas da escuna,
Cujos sons cessaram ao meio-dia:
Não iríamos a parte alguma.

Aprumado sobre o veleiro,
O Sol o fazia prisioneiro;
Porém o barco, de repente,
Movia-se em agitação,
Para trás e para frente,
Num espaço de meia extensão.

Como um cavalo num pinote,
Partiu em disparo instantâneo;
Desmaiando-me, qual um garrote
Prendendo meu sangue no crânio.

*The lonesome Spirit
from the south-pole
carries on the ship as far
as the Line, in obedience
to the angelic troop, but
still requireth vengeance.*

Under the keel nine fathom deep,
From the land of mist and snow,
The spirit slid: and it was he
That made the ship to go.
The sails at noon left off their tune,
And the ship stood still also.

The Sun, right up above the mast,
Had fixed her to the ocean:
But in a minute she 'gan stir,
With a short uneasy motion —
Backwards and forwards half her length
With a short uneasy motion.

Then like a pawing horse let go,
She made a sudden bound:
It flung the blood into my head,
And I fell down in a swound.

Os demônios, habitantes invisíveis dos mares que acompanham o Espírito Polar, tomam parte em sua condenação; e dois deles relatam, um para o outro, que o Espírito, o qual retornara ao sul, concordara com a aplicação de uma longa e severa penitência para o Marinheiro.

Não me é possível relatar
Por quanto tempo ali jazi;
Mas, antes de à vida voltar,
Pude em minha alma discernir
Duas vozes soando no ar:

'É este o homem?' — uma indagou —
'Pelo Cristo que morreu por nós!
Com a cruel besta ele alvejou
O indefeso ALBATROZ.

O espírito ermita, o qual reside
No reino das terras geladas,
Bem-queria a ave que, humilde,
Amava a quem dera a flechada.'

A outra era voz mais amena,
E doce qual orvalho cadente:
'O homem cumprira sua pena,
Mas não lhe fora suficiente.'

Parte VI

PRIMEIRA VOZ

'Preciso ouvir mais da tua voz;
Conforta-me com o que falares! —
Por que é o navio tão veloz?
O que fazem com ele os mares?'

The Polar Spirit's fellow-demons, the invisible inhabitants of the element, take part in his wrong; and two of them relate, one to the other, that penance long and heavy for the ancient Mariner hath been accorded to the Polar Spirit, who returneth southward.

How long in that same fit I lay,
I have not to declare;
But ere my living life returned,
I heard and in my soul discerned
Two voices in the air.

'Is it he?' quoth one, 'Is this the man?
By him who died on cross,
With his cruel bow he laid full low
The harmless ALBATROSS.

The spirit who bideth by himself
In the land of mist and snow,
He loved the bird that loved the man
Who shot him with his bow.'

The other was a softer voice,
As soft as honey-dew:
Quoth he, 'The man hath penance done,
And penance more will do.'

Part VI

FIRST VOICE

'But tell me, tell me! speak again,
Thy soft response renewing —
What makes that ship drive on so fast?
What is the ocean doing?'

SEGUNDA VOZ

'Com silêncio em seu olhar
E impotente, o grande oceano
Prostra-se à luz do Luar,
Como um escravo ante seu amo —

Apontando-lhe a direção,
A Lua o guia, bravio ou brando;
E com que graça, veja irmão,
Ela está acima, espreitando!'

PRIMEIRA VOZ

O Marinheiro é colocado em transe, pois os poderes angelicais dirigem a embarcação em direção ao norte mais rapidamente do que a vida humana poderia suportar.

'O que move tão rapidamente
O navio, sem vento ou corrente?'

SEGUNDA VOZ

'O ar é sugado da frente,
Mas vem por trás, subitamente.

Voa mais e mais alto, irmão!
Ou iremos nos retardar;
Pois seguirá lenta a embarcação
Quando, do transe, o homem voltar!'

O movimento sobrenatural é retardado; o Marinheiro desperta e sua penitência é renovada.

Despertei, e a nau navegava
Já em meio a um tempo gentil:
Sob o Luar da noite calada,
Por sobre o convés do navio,

SECOND VOICE

'Still as a slave before his lord,
The ocean hath no blast;
His great bright eye most silently
Up to the Moon is cast —

If he may know which way to go;
For she guides him smooth or grim.
See, brother, see! how graciously
She looketh down on him.'

FIRST VOICE

The Mariner hath been cast into a trance; for the angelic power causeth the vessel to drive northward faster than human life could endure.

'But why drives on that ship so fast,
Without or wave or wind?'

SECOND VOICE

'The air is cut away before,
And closes from behind.

Fly, brother, fly! more high, more high!
Or we shall be belated:
For slow and slow that ship will go,
When the Mariner's trance is abated.'

The supernatural motion is retarded; the Mariner awakes, and his penance begins anew.

I woke, and we were sailing on
As in a gentle weather:
'Twas night, calm night, the moon was high;
The dead men stood together.

*Qual ossário cheio de esqueletos,
O mar de corpos se amontoava:
Fitavam-me com olhar funesto,
O qual, sob a lua, brilhava.*

*Contrária aos homens, não perece
A maldição que os abateu:
Busquei ver o céu, numa prece,
Mas o olhar deles prendia o meu.*

A maldição é
finalmente expiada.

*Foi então quebrada a maldição:
O oceano avistei, novamente;
Desviei meu olhar da visão
Que eu tivera anteriormente —*

*Como quem, sozinho na estrada,
Trilha o caminho em pavor;
No entanto, prossegue a jornada
Sem voltar a face ao terror,
Pois sabe estar sendo acossado
Pela presença do diabo.*

All stood together on the deck,
For a charnel-dungeon fitter:
All fixed on me their stony eyes,
That in the Moon did glitter.

The pang, the curse, with which they died,
Had never passed away:
I could not draw my eyes from theirs,
Nor turn them up to pray.

The curse is finally expiated.

And now this spell was snapt: once more
I viewed the ocean green,
And looked far forth, yet little saw
Of what had else been seen —

Like one, that on a lonesome road
Doth walk in fear and dread,
And having once turned round walks on,
And turns no more his head;
Because he knows, a frightful fiend
Doth close behind him tread.

*Então senti o vento lufar
Calado, em minha direção;
Soprava sem volver o mar,
Pois não se via agitação.*

*Me arejava a face e os cabelos,
Qual uma brisa primaveril;
Mesclava-se estranho aos meus medos,
Mas como saudação gentil.*

*Ligeira, a embarcação voava;
No entanto, o fazia suavemente:
Docemente, a brisa soprava,
Mas sobre meu rosto somente.*

E o velho Marinheiro tem a visão de sua terra natal.

*Ó, mas que sonho jubiloso!
Será possível que agora eu veja
Minha terra, o farol luminoso,
A montanha e a igreja?*

*Rendi-me em oração, aos prantos,
Ao aproximar-nos do porto;
Deixai-me acordado, ó Pai Santo,
Senão, prefiro estar morto!*

*Estava vazia a enseada
Que, em suavidade, se estendia;
Entretanto a Lua, calada,
Com sombra e luz preenchia a baía.*

*No topo da rocha luzente,
Brilhava igualmente o templo,
E o Luar banhava, calmamente,
O estacionário cata-vento.*

But soon there breathed a wind on me,
Nor sound nor motion made:
Its path was not upon the sea,
In ripple or in shade.

It raised my hair, it fanned my cheek
Like a meadow-gale of spring –
It mingled strangely with my fears,
Yet it felt like a welcoming.

Swiftly, swiftly flew the ship,
Yet she sailed softly too:
Sweetly, sweetly blew the breeze –
On me alone it blew.

And the ancient Mariner beholdeth his native country.

Oh! dream of joy! is this indeed
The light-house top I see?
Is this the hill? is this the kirk?
Is this mine own countree?

We drifted o'er the harbour-bar,
And I with sobs did pray –
O let me be awake, my God!
Or let me sleep alway.

The harbour-bay was clear as glass,
So smoothly it was strewn!
And on the bay the moonlight lay,
And the shadow of the Moon.

The rock shone bright, the kirk no less,
That stands above the rock:
The moonlight steeped in silentness
The steady weathercock.

*Os espíritos
angelicais deixam os
corpos dos mortos,*

*Luzia a baía em serenidade:
Dela se erguiam, mesmo assim,
Formas que, na verdade,
Eram vultos de cor carmesim que,*

*E mostram-se em
suas formas de luz.*

*Da proa, não estavam distantes:
Por nosso Senhor Jesus Cristo! —
Ao convés me volto, num instante,
E não acredito no que avisto!*

The angelic spirits leave the dead bodies,

And the bay was white with silent light,
Till rising from the same,
Full many shapes, that shadows were,
In crimson colours came.

And appear in their own forms of light.

A little distance from the prow
Those crimson shadows were:
I turned my eyes upon the deck —
Oh, Christ! what saw I there!

Os corpos jaziam estirados e,
Pela sacrossanta cruz! —
Por sobre cada um dos finados
Pairava um serafim de luz!

Os serafins fizeram um aceno,
Numa visão celestial!
Como a que usar seu brilho ameno
Para enviar à terra um sinal;

Os serafins fizeram um aceno;
Sem vozes, sem entoação;
Mas o silêncio soava pleno,
Qual música em meu coração!

Logo ouvi golpes de remos
E, do Pílolo, a saudação;
Voltei meu olhar num anseio extremo
E vi um bote em aparição.

Ouvi o ligeiro aproximar
Do Pílolo e seu menino:
Nem os mortos podiam arruinar
Minha alegria, ó Pai Divino!

Mas vi e ouvi um terceiro ao lado:
É o benévolo Eremita
Que alto canta hinos sagrados
Da floresta que habita!
Ele há de livrar a alma minha
Do sangue da ave marinha!

Each corse lay flat, lifeless and flat,
And, by the holy rood!
A man all light, a seraph-man,
On every corse there stood.

This seraph-band, each waved his hand:
It was a heavenly sight!
They stood as signals to the land,
Each one a lovely light;

This seraph-band, each waved his hand,
No voice did they impart —
No voice; but oh! the silence sank
Like music on my heart.

But soon I heard the dash of oars,
I heard the Pilot's cheer;
My head was turned perforce away
And I saw a boat appear.

The Pilot and the Pilot's boy,
I heard them coming fast:
Dear Lord in Heaven! it was a joy
The dead men could not blast.

I saw a third — I heard his voice:
It is the Hermit good!
He singeth loud his godly hymns
That he makes in the wood.
He'll shrieve my soul, he'll wash away
The Albatross's blood.

Parte VII

O Eremita da Floresta,

    Quão doce é sua voz elevada!
    Em uma floresta ele vive,
    A qual desce ao mar num declive.
    Falar com marujos lhe agrada,
    Pois vêm de uma terra afastada.

    Seja manhã, tarde ou noite,
    Ele ajoelha em um assoalho
    De musgo macio, o qual esconde
    Um podre toco de carvalho.

    O esquife chega, e ouço uma prosa:
    'Isto é deveras anormal!
    Onde estão as luzes numerosas
    Que, daqui, mandaram sinal?'

Aborda o navio, surpreso.

    'Muito estranho', disse o Eremita:
    'Não houve resposta ao chamado!
    As pranchas parecem torcidas,
    E o velame, frágil e arriado!
    Jamais vi coisa parecida:
    Talvez os arbustos queimados

    Que, qual esqueletos, percorrem
    As margens de meu riacho
    Onde, com neve, a hera se cobre,
    E a coruja saúda, lá embaixo,
    O lobo canibal da prole'.

Part VII

The Hermit of the Wood,

This Hermit good lives in that wood
Which slopes down to the sea.
How loudly his sweet voice he rears!
He loves to talk with marineres
That come from a far countree.

He kneels at morn, and noon, and eve —
He hath a cushion plump:
It is the moss that wholly hides
The rotted old oak-stump.

The skiff-boat neared: I heard them talk,
'Why, this is strange, I trow!
Where are those lights so many and fair,
That signal made but now?'

Approacheth the ship with wonder.

'Strange, by my faith!' the Hermit said —
'And they answered not our cheer!
The planks looked warped! and see those sails,
How thin they are and sere!
I never saw aught like to them,
Unless perchance it were

Brown skeletons of leaves that lag
My forest-brook along;
When the ivy-tod is heavy with snow,
And the owlet whoops to the wolf below,
That eats the she-wolf's young.'

'Meu Deus, que coisa do diabo!'
(Em pavor, o Piloto grita)
'Rema com esforço dobrado!'
Bradou o sagrado Eremita.

O bote abordava o navio:
Calado, eu não me movi;
Mas quando a nave ele atingiu,
Um claro estrondo pude ouvir:

Repentinamente,   Sob a água ele rugia,
o navio afunda.   Cada vez mais alto e sombrio:
Partiu ao meio a baía,
E pôs a pique o navio.

'Dear Lord! it hath a fiendish look —
(The Pilot made reply)
I am a-feared' — 'Push on, push on!'
Said the Hermit cheerily.

The boat came closer to the ship,
But I nor spake nor stirred;
The boat came close beneath the ship,
And straight a sound was heard.

The ship suddenly sinketh.

Under the water it rumbled on,
Still louder and more dread:
It reached the ship, it split the bay;
The ship went down like lead.

*O velho Marinheiro está
a salvo no barco do Piloto.*

Aturdido pelo estampido
Que castigara o céu e o oceano,
Sentia-me um náufrago vencido,
Há sete dias flutuando.
Logo vi que não estava morto,
E sim no bote do Piloto.

Ao redor de um turbilhão,
O bote girava e girava;
Tudo era quieto, com exceção
Do som que a montanha ecoava.

The ancient Mariner is saved in the Pilot's boat.

Stunned by that loud and dreadful sound,
Which sky and ocean smote,
Like one that hath been seven days drowned
My body lay afloat;
But swift as dreams, myself I found
Within the Pilot's boat.

Upon the whirl, where sank the ship,
The boat spun round and round;
And all was still, save that the hill
Was telling of the sound.

Movi meus lábios e, em reação,
O Piloto tombou num grito;
Elevando aos céus sua atenção,
Fez prece o Eremita bendito.

Tomei os remos, e o rapaz
Parecia ter ficado louco:
Seus olhos, para frente e para trás;
Seu gargalhar bem alto e longo.
'Ha, ha!', ele pôs-se a zombar,
'O Diabo sabe remar!'

De volta à minha pátria querida,
Pisava eu em terra, por sorte!
Bambeando, o santo Eremita
Desceu à praia, ao sair do bote.

*I moved my lips — the Pilot shrieked
And fell down in a fit;
The holy Hermit raised his eyes,
And prayed where he did sit.*

*I took the oars: the Pilot's boy,
Who now doth crazy go,
Laughed loud and long, and all the while
His eyes went to and fro.
'Ha! ha!' quoth he, 'full plain I see,
The Devil knows how to row.'*

*And now, all in my own countree,
I stood on the firm land!
The Hermit stepped forth from the boat,
And scarcely he could stand.*

O velho Marinheiro fervorosamente suplica que o Eremita o salve, e uma penitência eterna sobre ele recai.

'Ó santo homem, livra-me agora!'
Franziu sua testa o ancião bendito:
'Ordeno que digas, sem demora —
Tu és um homem de que tipo?'

Fui arrebatado, na hora,
Por agonia e sofrimento;
No entanto, ao contar-te minha história,
Conquisto meu livramento.

The ancient Mariner earnestly entreateth the Hermit to shrieve him; and the penance of life falls on him.

'O shrieve me, shrieve me, holy man!'
The Hermit crossed his brow.
'Say quick,' quoth he, 'I bid thee say —
What manner of man art thou?'

Forthwith this frame of mine was wrenched
With a woful agony,
Which forced me to begin my tale;
And then it left me free.

E de tempo em tempo,
pelo resto de sua vida
futura, uma agonia
o compele a viajar de
lugar em lugar;

Desde então, inesperado,
A mim retorna esse tormento;
E até que a história eu tenha contado,
Meu coração queima por dentro.

*And ever and anon
through out his future
life an agony constraineth
him to travel from land
to land;*

Since then, at an uncertain hour,
That agony returns:
And till my ghastly tale is told,
This heart within me burns.

Qual a noite, vou a todo lugar;
Tenho estranho poder na fala:
O homem que deve escutar
A história que tenho a ensinar,
Conheço só de olhar na cara.

I pass, like night, from land to land;
I have strange power of speech;
That moment that his face I see,
I know the man that must hear me:
To him my tale I teach.

Da porta, ouve-se um alarde!
São os convidados, que lá estão:
Agora a noiva e as damas invadem
O jardim, numa alegre canção,
Ao badalar do fim da tarde,
O que me impele a uma oração!

What loud uproar bursts from that door!
The wedding-guests are there:
But in the garden-bower the bride
And bride-maids singing are:
And hark the little vesper bell,
Which biddeth me to prayer!

Ó Convidado, esta minha alma
Esteve só, num imenso mar,
Onde nem Deus, naquela calma,
Era possível presenciar.

Mais doce que a festa, para mim,
E ainda maior alegria,
É andar até a igreja assim,
Ao lado de boa companhia! —

Caminhar juntos à igreja,
Onde cada um rende louvor,
Independente de quem seja:
O jovem, o bebê, o velho senhor,
Amigos e moças em flor!

E ensinar, através do próprio exemplo, o amor e a reverência por todas as criaturas que Deus criou e que ama.

Adeus, meu caro Convidado;
Contudo, não esqueças jamais!
Boa prece faz quem é afeiçoado
A homens, aves e animais.

Faz melhor reza quem tem amor
Por seres de qualquer dimensão;
Pois a todos ama o Senhor,
Que é o Pai de toda criação.

O Wedding-Guest! this soul hath been
Alone on a wide wide sea:
So lonely 'twas, that God himself
Scarce seeméd there to be.

O sweeter than the marriage-feast,
'Tis sweeter far to me,
To walk together to the kirk
With a goodly company! —

To walk together to the kirk,
And all together pray,
While each to his great Father bends,
Old men, and babes, and loving friends
And youths and maidens gay!

And to teach, by his own example, love and reverence to all things that God made and loveth.

Farewell, farewell! but this I tell
To thee, thou Wedding-Guest!
He prayeth well, who loveth well
Both man and bird and beast.

He prayeth best, who loveth best
All things both great and small;
For the dear God who loveth us,
He made and loveth all.

Agora, o Marujo barbado
Com olhar cintilante em sua face
Fora-se embora, e o Convidado
Afastou-se da cena do enlace.

Em desconsolo, caminhou
Qual atordoado se sentisse:
Na manhã seguinte, ele acordou
Um homem mais sábio e mais triste.

The Mariner, whose eye is bright,
Whose beard with age is hoar,
Is gone: and now the Wedding-Guest
Turned from the bridegroom's door.

He went like one that hath been stunned,
And is of sense forlorn :
A sadder and a wiser man,
He rose the morrow morn.

SOBRE KUBLA KHAN

No verão de 1797, Coleridge, com sua saúde comprometida, retirou-se à uma casa de campo nos confins de Somerset e Devonshire. Certo dia, em conseqüência de uma momentânea indisposição, foi-lhe prescrito ópio, e enquanto a substância lhe era ministrada, ele adormeceu em sua cadeira no exato momento em que lia algo parecido com "Aqui, Kubla Khan ordenou que fosse construído um palácio, pairando sobre um majestoso jardim. E eis que dez milhas de terras férteis foram confinadas entre muralhas".

O autor então permaneceu em sono profundo por aproximadamente três horas, no decorrer das quais ele parece ter conseguido compor, inconscientemente, algo em torno de duas ou três centenas de linhas – se é que podemos falar aqui de composição, uma vez que todas as imagens vistas por ele durante a experiência surgiram como se fossem uma produção "paralela", alheia ao seu ser e ao seu estado natural de consciência. Ao despertar, Coleridge parecia ter composto e memorizado detalhadamente todos os 300 versos do poema, os quais pôs-se a registrar vigorosamente em papel.

Eis então que ele é interrompido pela longa visita de um negociante da cidade de Porlock, quando já havia escrito os primeiros cinqüenta versos do poema. Ao retornar à privacidade de seu quarto, Coleridge viu-se atormentado pelo fato de que conseguia lembrar-se muito pouco de todo o teor da visão que tivera, com exceção de oito ou dez linhas e imagens. Tudo que restara de sua visão inicial foram aquelas cinquenta linhas iniciais que se tornariam tão célebres.

Kubla Khan é um poema que encanta a muitos, e há quem diga que hoje já sabemos tudo sobre ele, com exceção de seu verdadeiro significado. Ele é uma flor colhida do Paraíso e entregue a nós por Coleridge, como por milagre. E como todo milagre, pode não passar de uma mera ilusão... A maioria dos contemporâneos de Coleridge tratava o poema com absoluto desdém: "O poema, em si, está abaixo de qualquer crítica", declarava um comentário anônimo, em 1817. Um outro, do ano anterior, afirmava que o poema era destituído de qualquer valor ou mérito poético. Seus defensores, no entanto, argumentavam que o valor do poema residia em seu rico e sugestivo encantamento, dispensando qualquer significado discernível. Alguns artistas chegaram a tentar capturar as visões do poema em pintura e música (de acordo com o crítico William Hazlitt, Kubla Khan não se tratava de um poema, mas de uma composição musical).

Por outro lado, para leitores das épocas vitoriana e moderna o poema está, na verdade, muito além do alcance dos olhos de qualquer crítica, e que deve mesmo ser apreciado como se fosse música verbalizada. Swinburne escreveu que Kubla Khan era "uma melodia jamais ouvida, um sonho jamais sonhado e um mundo de palavras jamais ditas, pois sua natureza era inexprimível em palavras". Assim sendo, o propósito do autor é somente aproximar o leitor de suas visões através das palavras, as quais não possuem condição de expressar com total intensidade e fidelidade imagens e sentimentos. Pode-se concluir, portanto, que Kubla Khan se apresenta para nós como um sonho (e foi assim que Coleridge o concebeu), uma rica e esplendorosa voz metafórica das aspirações do inconsciente humano.

KUBLA KHAN

Kubla Khan

Em Xanadu, Kubla Khan criou, por mandado,
Um magnífico palácio de prazer e agrado:
Por cavernas que o homem não pode sondar,
Lá corria Alfeu, o rio sagrado,
Que desaguava na escuridão de um mar.
Assim sendo, um fértil pedaço de terra,
Em dez milhas de muros e torres se encerra:
Com jardins e riachos de radiância tamanha,
Onde floresciam árvores de incenso;
E florestas tão antigas quanto as montanhas,
Cercando áreas de verde e sol intensos.

Mas esse romântico abismo talhava penetrante
A montanha de cedro, de lado a lado!
Um lugar selvagem, mas tão sacro e enfeitiçado,
Como se, abaixo, por seu demônio-amante,
Uma lamúria de mulher assombrasse a lua minguante!
E dessa fenda em ebulição constante,
Como se a terra respirasse ofegante,
Irrompeu em profusão uma nascente,
Arremessando ao ar rochas voadoras
Que precipitavam-se qual granizo cadente
Ou grãos que escorrem de debulhadoras.
Eis que o rio sagrado, entre as rochas dançantes,
Emergiu à superfície, como que num instante.
Por cinco milhas de florestas e vales, intricado
Qual um labirinto, corria o rio sagrado;
E atingindo as cavernas insondáveis ao humano
Sucumbiu, agitado, num inerte oceano:
Em meio a esse tumulto Kubla ouviu vozes ancestrais
Que profetizavam guerra com seus sinais!

Kubla Khan

In Xanadu did Kubla Khan
A stately pleasure-dome decree:
Where Alph, the sacred river, ran
Through caverns measureless to man
Down to a sunless sea.
So twice five miles of fertile ground
With walls and towers were girdled round:
And there were gardens bright with sinuous rills,
Where blossomed many an incense-bearing tree;
And here were forests ancient as the hills,
Enfolding sunny spots of greenery.

But oh! that deep romantic chasm which slanted
Down the green hill athwart a cedarn cover!
A savage place! as holy and enchanted
As e'er beneath a waning moon was haunted
By woman wailing for her demon-lover!
And from this chasm, with ceaseless turmoil seething,
As if this earth in fast thick pants were breathing,
A mighty fountain momently was forced:
Amid whose swift half-intermitted burst
Huge fragments vaulted like rebounding hail,
Or chaffy grain beneath the thresher's flail:
And 'mid these dancing rocks at once and ever
It flung up momently the sacred river.
Five miles meandering with a mazy motion
Through wood and dale the sacred river ran,
Then reached the caverns measureless to man,
And sank in tumult to a lifeless ocean:
And 'mid this tumult Kubla heard from far
Ancestral voices prophesying war!

A sombra do palácio de prazer e agrado
Flutuava nas ondas do mar;
De lá se ouvia o ritmo mesclado
Das fontes e cavernas, a ecoar.
Era um milagre de extraordinário engenho,
Um palácio ensolarado com cavernas de gelo!

De uma donzela com um saltério
Certa vez tive a visão:
Ela era uma virgem abissínia,
Tocando nele uma canção
Que falava do Monte Abora.
Pudesse eu reviver agora
Sua sinfonia e sua canção,
Que tocaria em deleite o fundo do meu coração,

E com a música alta e longa a soar,
Aquela morada eu construiria no ar,
Aquele palácio ensolarado com as cavernas de gelo!
E todos que a ouvissem poderiam vê-los,
E diriam: "Tem cuidado!" — em voz bem alta —
"Com seus olhos em chama e esvoaçantes cabelos!"
Tece um círculo três vezes à sua volta,
E fecha teus olhos em sagrado terror,
Pois ele alimentara-se do doce mel
E bebera o néctar do Paraíso do Céu.

The shadow of the dome of pleasure
Floated midway on the waves;
Where was heard the mingled measure
From the fountain and the caves.
It was a miracle of rare device,
A sunny pleasure-dome with caves of ice!

A damsel with a dulcimer
In a vision once I saw:
It was an Abyssinian maid,
And on her dulcimer she played,
Singing of Mount Abora.
Could I revive within me
Her symphony and song,
To such a deep delight 'twould win me,

That with music loud and long,
I would build that dome in air,
That sunny dome! those caves of ice!
And all who heard should see them there,
And all should cry, Beware! Beware!
His flashing eyes, his floating hair!
Weave a circle round him thrice,
And close your eyes with holy dread,
For he on honey-dew hath fed,
And drunk the milk of Paradise.

Este livro foi composto na fonte Requiem
e impresso em junho de 2006 pela Gráfica Palas Athena,
sobre papel chamois bulk dunas 90g/m².